Hans Schneider

Mitarbeiter-Beteiligung

Vorteile für Unternehmen
und Mitarbeiter

Hans Schneider

Mitarbeiter-Beteiligung

Vorteile für Unternehmen
und Mitarbeiter

© 2002 Alle Rechte vorbehalten
2., überarbeitete Auflage

RKW - Verlag

Düsseldorfer Straße 40
65760 Eschborn

RKW-Nr. 1342
ISBN 3-89644-089-6

Layout und Druck: RKW, Eschborn

Inhaltsverzeichnis

		Seite
1	**Grundlagen der Mitarbeiter-Beteiligung**	**7**
1.1	Bestandteile der Mitarbeiter-Beteiligung	7
1.2	Motive und Ziele	7
1.3	Erfahrungen mit Beteiligungsmodellen	9
1.4	Aktuelle Situation	12
2	**Rechtliche Grundlagen**	**15**
2.1	Arbeitsrecht	16
2.2	Vermögensbildungsrecht	18
3	**Erfolgsbeteiligung**	**21**
3.1	Bausteine einer Erfolgsbeteiligung	21
3.2	Aktuelle Entwicklungstendenzen	28
3.3	Steuerliche Aspekte	30
4	**Kapitalbeteiligung**	**33**
4.1	Klärung der Zielsetzung	33
4.2	Abgrenzung der beteiligungsberechtigten Mitarbeiter	35
4.3	Finanzierung des Mitarbeiterkapitals (Mittelaufbringung)	35
4.4	Auswahl der Beteiligungsform	37
4.5	Gestaltung der Beteiligungskonditionen	45
5	**Checkliste zur Realisierung einer Mitarbeiterbeteiligung**	**48**
	Literatur	49

1 Grundlagen der Mitarbeiter-Beteiligung

1.1 Bestandteile der Mitarbeiter-Beteiligung

Der Begriff der Mitarbeiter-Beteiligung wird in der Bundesrepublik Deutschland sehr unterschiedlich mit Inhalten belegt. Im Rahmen dieser Broschüre befassen wir uns ausschließlich mit der betrieblichen Mitarbeiter-Beteiligung, also mit den Konzepten, bei denen Mitarbeiter an ihrem arbeitgebenden Unternehmen beteiligt werden. Die betriebliche Mitarbeiter-Beteiligung beinhaltet materielle und immaterielle Komponenten. Zu den immateriellen Komponenten gehören Personalsysteme wie z.B. Führungsverhalten, Leistungsbeurteilung und kooperative Mitarbeitergespräche. Bestandteile der materiellen Komponente sind die Erfolgsbeteiligung und die Kapitalbeteiligung. Wie von Experten und Praktikern immer betont wird, benötigt die erfolgreiche Umsetzung eines Beteiligungskonzeptes die materielle und die immaterielle Komponente. Im Rahmen dieser Broschüre werden wir uns auf die Darstellung der materiellen Komponente der betrieblichen Mitarbeiter-Beteiligung beschränken.

1.2 Motive und Ziele

Jeder Unternehmer bzw. sonstiger Initiator einer betrieblichen Mitarbeiter-Beteiligung sollte sich darüber klar werden, welche Ziele er mit der Einführung erreichen will. Nur wenn die Ziele klar definiert sind, kann auch das Beteiligungsmodell konsequent auf die Zielerreichung abgestimmt werden. So wird beispielsweise ein Modell, das primär zur Mitarbeitermotivation dienen soll, wesentlich anders aussehen als ein Konzept, bei dem Finanzierungseffekte im Vordergrund stehen. Die betriebliche Praxis belegt weiterhin, dass in den meisten Fällen nicht nur ein Ziel angestrebt wird, sondern mehrere Ziele gleichzeitig geplant sind.

Es gibt eine Reihe von empirischen Untersuchungen, die abfragen, welche Ziele Unternehmer mit Beteiligungsinitiativen verbinden. Eine der bekanntesten Untersuchungen wurde vom Institut der Deutschen Wirtschaft (IW), Köln, und der Gesellschaft für innerbetriebliche Zusammenarbeit GIZ GmbH (GIZ), Forchheim, durchgeführt. Die Ergebnisse stellen sich wie folgt dar:

Tabelle 1: Ziele der betrieblichen Vermögensbeteiligung

Ziel	Zielinhalt	Gesamt	
		Rang	Prozent
Motivation	Produktivität, Arbeitsleistung, Kostenbewusstsein, Interesse, Einsatz, Identifikation, Mitdenken, wirtschaftliches Verständnis	1	24,8
Finanzierung	Erhöhung des Eigenkapitals, Verbesserung der Kapitalstruktur, zusätzliche Liquidität	2	15,3
Personalpolitik	Abrundung des Sozialleistungs-Pakets, materielle Verbesserung, personalpolitische Maßnahme, zusätzliche Altersversorgung	3	15,0
Partnerschaft	Abbau der Konfrontation zwischen Kapital und Arbeit, verstärkte Mitverantwortung, Mitsprache und Mitwirkung an der Willensbildung, Eigentümer-Mentalität, Verbesserung des Betriebsklimas, Teilhabe am Erfolg, Anspruch auf den Gewinn, leistungsbezogenes Entgelt	4	12,1
Gesellschaftspolitik	Beteiligung am Produktivvermögen, Sicherung und Ausbau der Wirtschaftsordnung, Verhinderung gewerkschaftlicher Fonds-Lösungen	5	11,2
Vermögensbildung	Vermögensverteilung, Ergänzung der Geldvermögensbildung	6	10,8
Mitarbeiterpotential	Reduzierung der Fluktuation, Bindung an den Betrieb, Betriebstreue, verbesserte Position am Arbeitsmarkt, Fehlzeitenverringerung	7	10,8

Quelle: Guski, H.-G./Schneider, H.: Betriebliche Vermögensbeteiligung in der Bundesrepublik Deutschland. Teil II: Ergebnisse, Erfahrungen und Auswirkungen in der Praxis, Köln 1983

Die in Tabelle 1 dargestellten Ziel-Prioritäten sind ein Durchschnittswert über alle Betriebsgrößen hinweg. Fasst man primär die mittelständischen

Unternehmen ins Auge, zeigt sich ein deutlicher Trend: Hier dominieren in noch stärkerem Maße als bei den Großunternehmen die Ziele Finanzierung und Motivation.

Bei den finanzwirtschaftlichen Zielen geht es einerseits um eine Erhöhung der Liquidität. So können z.B. durch die investive Einbehaltung von Erfolgsbeteiligungen oder durch Kapitalzuführung von seiten der Mitarbeiter im Rahmen einer Kapitalbeteiligung Liquiditätseffekte erzielt werden. Andererseits sind die Bemühungen offensichtlich, mit betrieblichen Beteiligungskonzepten die Eigenkapitalausstattung zu verbessern. Nahezu bei jeder Modelleinführung gilt das Augenmerk der Initiatoren auch der Mitarbeitermotivation. Hier scheinen sich manche Unternehmer doch allzu gerne Illusionen hinzugeben. Beteiligungsmodelle können Motivationsimpulse auslösen, wenn das übrige Umfeld stimmt. Sie sind jedoch kein Allheilmittel gegen alle möglichen Unternehmensbeschwerden.

1.3 Erfahrungen mit Beteiligungsmodellen

Werden die mit einer Mitarbeiter-Beteiligung verbundenen Ziele auch erreicht? Eine Frage, mit der man sich in Literatur und Praxis intensiv befasst. Die Ergebnisse fallen dabei unterschiedlich aus. Am einfachsten ist die Messung der finanzwirtschaftlichen Ziele. Hier ist es völlig unproblematisch, die erzielten Liquiditätseffekte oder die Verbesserung der Eigenkapitalstruktur zu berechnen.

Wesentlich anders liegt dagegen der Fall bei den eher qualitativen Zielen wie z.B. der Mitarbeitermotivation. Auch hierzu sind empirische Untersuchungen vorhanden, die jedoch nicht zu allen Fragen eine schlüssige Antwort geben. In diversen Untersuchungen wurde festgestellt, dass Beteiligungsunternehmen im Vergleich zum Branchendurchschnitt meistens erfolgreicher sind. Ob dafür jedoch letztlich die Mitarbeiter-Beteiligung verantwortlich ist, konnte bisher nicht nachgewiesen werden. Sind Beteiligungsunternehmen deswegen so erfolgreich, weil ein Beteiligungsmodell existiert? Oder machen erfolgreiche Unternehmen eher als andere von Beteiligungsmöglichkeiten Gebrauch?

Die schon erwähnte Untersuchung des Instituts der Deutschen Wirtschaft und der GIZ hat die nachfolgenden Auswirkungen von Beteiligungsmodellen festgestellt:

Tabelle 2: Auswirkungen von Beteiligungsmodellen

(0 = keine Wirkung, 3 = sehr starke positive oder negative Ausprägung des Faktors)

Faktor (links)	3	2	1	0	1	2	3	Faktor (rechts)
erhöht Kostenbewusstsein					X			schwächt Kostenbewusstsein
fluktuationserhöhend						X		fluktuationsmindernd
mehr Interesse am Unternehmen		X						Desinteresse gegenüber Unternehmen
verschlechtert Betriebsklima						X		verbessert Betriebsklima
verringert Identifikation mit dem Unternehmen						X		erhöht Identifikation mit dem Unternehmen
mehr Verbesserungsvorschläge		X						weniger Verbesserungsvorschläge
verschlechtert langfristig materielle Situation der Mitarbeiter						X		verbessert langfristig materielle Situation der Mitarbeiter
senkt Arbeitsproduktivität						X		erhöht Arbeitsproduktivität
mehr Verständnis für wirtschaftliche Vorgänge		X						weniger Verständnis für wirtschaftliche Vorgänge
erschwert Zusammenarbeit						X		fördert Zusammenarbeit
weniger Fehltage					X			mehr Fehltage
erhöht Sicherheit des Arbeitsplatzes			X					verringert Sicherheit des Arbeitsplatzes
verbreitert Kapitalbasis			X					schwächt Kapitalbasis
schafft Liquiditätsprobleme					X			verbessert Liquidität
erleichtert die Gewinnung neuer Mitarbeiter			X					erschwert die Gewinnung neuer Mitarbeiter
zwingt zu mehr Information			X					verringert Informationsbedürfnis

Über die in der Tabelle 2 zusammengefassten Kriterien hinaus wurden folgende Ergebnisse festgestellt:

- Die Beteiligung der Mitarbeiter am arbeitgebenden Unternehmen bringt deutliche Vorteile für Unternehmen und Mitarbeiter.

- Für die Mitarbeiter beinhalten die Beteiligungsofferten eine Verbesserung der materiellen Situation, eine zusätzliche Möglichkeit der Vermögensbildung und eine verstärkte Integration in das Betriebsgeschehen. Die Unternehmen gewinnen Mitarbeiter, die mehr Verständnis für wirtschaftliche Belange und mehr Interesse am Unternehmen haben. Sie verbessern deutlich ihre Liquiditätssituation.

Weitere spürbare Auswirkungen werden von den Unternehmen genannt:

- Interesse am Unternehmen
- Identifikation des Mitarbeiters mit dem Unternehmen
- erhöhtes Informationsbedürfnis
- gesteigertes Kostenbewusstsein.

Im neutralen Bereich, und damit keinen Einfluss durch die Beteiligungskonzeption unterworfen, sind die Reduzierung der Fehltage und das Erzielen von Verbesserungsvorschlägen.

Die praktischen Erfahrungen mit Beteiligungsmodellen lassen weiterhin folgende Schlussfolgerungen zu:

1. Beteiligungsmodelle sind kein Ersatz für irgendeine Form der individuellen Leistungsentlohnung.
2. Motivationseffekte aus einer Mitarbeiter-Beteiligung sind nur langfristig zu erzielen und wirken qualitativ anders als typische Systeme der Leistungsmotivation (z.B. Leistungslohn).
3. Bei den Mitarbeitern muß Akzeptanz erzielt werden. Je mehr Akzeptanz erreicht wird, desto stärker ist auch der Motivationseffekt.

Interessant ist auch eine weitere Erkenntnis: In den Großunternehmen werden im Zusammenhang mit Beteiligungsmodellen nahezu keine Motivationswirkungen festgestellt. Ganz anders dagegen zeigt sich die Situation bei den kleineren und mittleren Unternehmen, bei denen oftmals von nachhaltigen Motivationseffekten berichtet wird.

1.4 Aktuelle Situation

In der Bundesrepublik Deutschland existiert keine Statistik, in der die Verbreitung von Beteiligungsmodellen erfasst wird. Während die Zahl der Kapitalbeteiligungsmodelle durch diverse private Initiativen immer wieder ermittelt wurde, lagen auf dem Sektor der Erfolgsbeteiligung bisher keine verlässlichen Schätzungen vor. Experten gingen schon immer davon aus, dass eine relativ hohe Zahl von Erfolgsbeteiligungssystemen existiert. Ein Minimum an quantifizierenden Aussagen ließen in der Vergangenheit allenfalls die Einführungszahlen von Erfolgsbeteiligungsmodellen in Verbindung mit der investiven Anlage in Form der Kapitalbeteiligung zu (siehe Bild 1). Hier konnte abgeleitet werden, dass die Blütezeit der Erfolgsbeteiligung zwischen den Jahren 1970 und 1980 lag. In dieser Ära war auch die einschlägige Literatur geprägt von der Diskussion um diese Modelle, ihre Berechtigung und ihre Einsatzmöglichkeiten. In der Zeit ab 1983/84 konnte ein deutlicher Einbruch festgestellt werden. Die Ursache dafür lag in gesetzgeberischen Maßnahmen, die Nachteile bei der Lohnsteuer und Sozialversicherung mit sich brachten. Erst im Zusammenhang mit der Lean-Management-Diskussion und den daraus resultierenden Reorganisationsmaßnahmen waren auch Erfolgsbeteiligungsmodelle wieder verstärkt in die Diskussion gelangt, da die Notwendigkeit von flexiblen Entlohnungsbestandteilen aus motivationaler und struktureller Sicht mehr Bedeutung gewann.

Erstmals wurden im Jahre 2000 Zahlen über die Verbreitung von Modellen der Erfolgsbeteiligung vorgelegt (Möller, I.: Produktivitätswirkung von Mitarbeiterbeteiligung. In: Guski/Schneider: Handbuch Mitarbeiterbeteiligung, 4120, S. 1 ff, Nachlieferung August 2001)). Im Rahmen des von der Bundesanstalt für Arbeit regelmäßig durchgeführten IAB-Betriebspanels wurde im Jahr 1998 die Frage nach einer praktizierten Mitarbeiterbeteiligung gestellt. Die auf den Befragungsergebnissen beruhenden Hochrechnungen führen zu einer Zahl von 97.000 Unternehmen, die ein Modell der Mitarbeiterbeteiligung anwenden. Zieht man davon die von der Arbeitsgemeinschaft Partnerschaft in der Wirtschaft AGP und der Gesellschaft für innerbetriebliche Zusammenarbeit GIZ GmbH ermittelten 3.000 Unternehmen (siehe die nachfolgenden Ausführungen) mit einer Kapitalbeteiligung der Mitarbeiter ab, so praktizieren in der Bundesrepublik Deutschland 94.000 Unternehmen ein System der Erfolgsbeteiligung, dies entspricht etwa 5 % aller Unternehmen in Gesamtdeutschland. Begünstigt davon sind 15 % der Mitarbeiter (4,35 Mio.) in Westdeutschland und 8,5% (0,5 Mio.) der Mitarbeiter in Ostdeutschland.

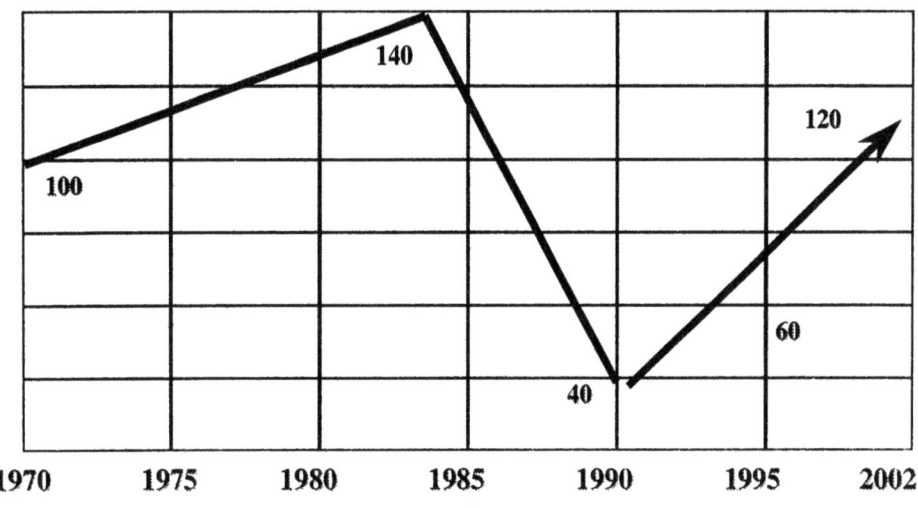

Bild 1: Entwicklung der Erfolgsbeteiligung

Auch für Kapitalbeteiligungsmodelle gibt es keine offizielle Statistik. Allerdings liegen hier empirische Untersuchungen des Instituts der Deutschen Wirtschaft und der GIZ aus den Jahren 1976, 1983 und 1986/87 vor, die von der Arbeitsgemeinschaft Partnerschaft in der Wirtschaft (AGP) und der GIZ bis zum heutigen Zeitpunkt „hochgerechnet" wurden. Diese Hochrechnungen führen zu folgenden Ergebnissen über Ausmaß und Verbreitung betrieblicher Kapitalbeteiligung:

Tabelle 3: Statistik Mitarbeiter-Kapitalbeteiligung

Beteiligungsunternehmen:	3.000					
Beteiligte Mitarbeiter:	2,4 Millionen					
Mitarbeiter-Kapital:	12 Mrd. EUR (Substanzwert)					

Beteiligungsform	Unternehmen		Mitarbeiter		Kapital	
	absolut	%	absolut	%	in Mio EUR*)	%
Darlehen	550	18,3	100.000	4,2	420	3,5
Stille Beteiligung	800	26,7	200.000	8,3	240	2,0
Indirekte Beteiligung	400	13,3	80.000	3,3	190	1,6
Genussrecht	300	10,0	100.000	4,2	780	6,5
Belegschaftsaktie	500	16,7	1.900.000	79,2	10.300	86,0
Genossenschaft	300	10,0	15.000	0,6	25	0,2
GmbH-Beteiligung	150	5,0	5.000	0,2	28	0,2
*) Nennwert-Kapital	3.000	100,0	2.400.000	100,0	11.983	100,0

Quelle: AGP/GIZ, Stand: 1.1.2002

Einschließlich der ostdeutschen Bundesländer kann für das Jahr 2002 von 3.000 Unternehmen mit Mitarbeiter-Kapitalbeteiligung ausgegangen werden. Das sind etwa 2 % aller beteiligungsfähigen Betriebe. Dies ist keine herausragende Quote. Allerdings ist zu bedenken, dass sämtliche Beteiligungsmodelle auf freiwilliger Basis und ohne Unterstützung durch die Tarifvertragspartner entstanden sind.

Die Bewertung der erreichten Größenordnungen zeichnet ein erfreulicheres Bild, wenn man sich die Entwicklung vor Augen hält. Die erste empirische Erhebung datiert aus dem Jahr 1976, damals existierten in der Bundesrepublik Deutschland 770 Beteiligungsunternehmen. 1983 hatte sich die Zahl auf 980 Unternehmen erhöht und im Jahr 1986 wurden 1.353 Beteiligungsunternehmen registriert. Damit hat sich in den letzten 25 Jahren die Zahl der Unternehmen, die ihre Mitarbeiter am Kapital beteiligt, nahezu vervierfacht. Dieses erfreuliche Ergebnis ist zu einem großen Teil auf die Novellierung bzw. Einführung des sog. Vermögensbeteiligungsgesetzes im Jahre 1984 zurückzuführen. Damals wurden die betrieblichen Beteiligungsformen in den Anlagekatalog des Vermögensbildungsgesetzes aufgenommen. Parallel dazu wurde in das Einkommenssteuergesetz der § 19a EStG eingeführt, der eine steuerliche Förderung von Beteiligungsprojekten vorsah.

2 Rechtliche Grundlagen

Für das Verständnis und die Systematik von betrieblichen Beteiligungsmodellen ist zu differenzieren zwischen

- der Mittelaufbringung und
- der Mittelverwendung.

Bei der Mittelaufbringung geht es um die Frage, aus welchen Quellen die finanziellen Mittel zur Beteiligung fließen, bei der Mittelverwendung (der eigentlichen Kapitalbeteiligung) geht es um die Verwendung dieser Mittel. Graphisch läßt sich dieser Sachverhalt mittels eines Kreislaufschemas verdeutlichen.

Bild 2: Kreislaufschema

Die Ebene der Mittelaufbringung charakterisiert sich dadurch, dass von den Unternehmen Zuwendungen an die Mitarbeiter fließen. Dies können Erfolgsbeteiligungen und andere Zuwendungsformen sein. Zu beachten ist, daß die Regelung der Mittelaufbringung arbeitsrechtlichen Bestimmungen unterliegt.

Werden Erfolgsbeteiligungen beispielsweise nicht bar ausbezahlt, sondern investiv zur Begründung von Mitarbeiterkapital verwendet oder erbringen die Mitarbeiter das Kapital mit Eigenleistungen, dann sind diese

Transaktionen dem Bereich der Mittelverwendung zuzuordnen. In der rechtlichen Würdigung sind sämtliche Elemente der Mittelverwendung dem Schuld- oder Gesellschaftsrecht zuzuordnen - und nicht dem Arbeitsrecht! Schuldrechtliche Positionen kommen dann in Frage, wenn das Mitarbeiterkapital beispielsweise die Form des Darlehens erhält. Das Gesellschaftsrecht greift dort ein, wo vollgesellschafterliche (z.B. Belegschaftsaktien oder GmbH-Beteiligung) oder gesellschaftsähnliche (z.B. stille Gesellschaft, Genussrecht) Beteiligungen vereinbart werden.

Daraus können einige Schlußfolgerungen gezogen werden:

1. Ein Modell der Erfolgsbeteiligung, bei dem die Erfolgsanteile an die Mitarbeiter ausbezahlt werden, beruht nur auf einer, nämlich einer arbeitsrechtlichen Rechtsgrundlage.

2. Überall dort, wo ein Modell der Mitarbeiter-Kapitalbeteiligung vereinbart wird, sind zwei Rechtsgrundlagen notwendig: eine arbeitsrechtliche zur Gestaltung der Mittelaufbringung, eine schuld- bzw. gesellschaftsrechtliche zur Regelung der Mittelverwendung.

Soweit es notwendig ist, werden wir in unseren späteren Ausführungen arbeits- und gesellschaftsrechtliche Fragestellungen dort klären, wo sie auftreten. Diejenigen arbeitsrechtlichen Komponenten, die unabhängig von einer spezifischen Beteiligungsstruktur allgemein auftreten, werden wir im nächsten Kapitel besprechen. Ebenso werden wir vorab das Vermögensbildungsrecht diskutieren, also auf das Fünfte Vermögensbildungsgesetz bzw. den § 19a EStG eingehen, da diese Förderkomponenten die Modellgestaltung nachhaltig beeinflussen.

2.1 Arbeitsrecht

Arbeitsrechtliche Komponenten sind im Bereich der Mittelaufbringung zu beachten. Gleichgültig, ob es sich um eine Erfolgsbeteiligungszusage, eine Gratifikation oder eine Sonderzuwendung handelt, stets sind Vereinbarungen zu treffen, die der arbeitsrechtlichen Bewertung unterliegen. Dafür stehen drei Möglichkeiten zur Verfügung, nämlich der Arbeitsvertrag (einzelvertragliche Vereinbarung), die Betriebsvereinbarung und das sog. freiwillige Angebot.

Bei der einzelvertraglichen Vereinbarung wird zwischen jedem beteiligungsberechtigten und beteiligungswilligen Mitarbeiter und dem beteiligendem Unternehmen ein Einzelvertrag abgeschlossen. Ungeachtet von dem damit verbundenen Aufwand ist zu beachten, dass die einzelvertragliche Zusage auf Erfolgsbeteiligung automatisch Bestandteil des Arbeitsvertrages wird. Eine Änderung oder Einstellung des Erfolgsbeteiligungssystems ist deshalb nur mit Zustimmung des Mitarbeiters möglich bzw. mittels des Instrumentes der Änderungskündigung. Aus diesem Grund ist es in der Regel nicht empfehlenswert, diese Form der Rechtsgrundlage zu wählen. Ausgenommen sind Fälle, in denen einige wenige Führungskräfte beteiligt werden.

Im Rahmen von Erfolgsbeteiligungssystemen hat sich die freiwillige Betriebsvereinbarung nach § 88 BetrVG bewährt. Die Vorteile der freiwilligen Betriebsvereinbarung liegen darin, dass sie befristet bzw. kündbar vereinbart werden kann und dass - im Vergleich zur erzwingbaren Betriebsvereinbarung - keine Nachwirkung in Kraft tritt. Darüber hinaus ist es immer positiv, bei der Ausarbeitung von Beteiligungskonzeption den Betriebsrat als Partner zu gewinnen.

Die dritte Alternative zur Gestaltung der Rechtsgrundlage im Bereich der Mittelaufbringung ist das sog. freiwillige Angebot. Der Begriff des freiwilligen Angebots bedeutet nicht, dass damit die Unternehmen keine Verpflichtungen eingehen. Freiwillig beinhaltet in diesem Zusammenhang, dass das Angebot auf Erfolgsbeteiligung oder auf die Subventionierung des Erwerbs von Kapitalanteilen nur auf ein Jahr beschränkt ist, weitere Verpflichtungen geht das Unternehmen nicht ein. Es wird somit in jedem Jahr aufs Neue entschieden, ob den Mitarbeitern ein Angebot zur Mitarbeiterbeteiligung unterbreitet werden soll.

Bei der Gestaltungsform des freiwilligen Angebots ist allerdings Vorsicht am Platze, damit die ursprünglich freiwillige Maßnahme keinen verpflichtenden Charakter erhält. Wird ein solches Angebot an die Mitarbeiter ohne jegliche Vorbehalte zumindest dreimal durchgeführt, dann sorgt die sog. betriebliche Übung dafür, dass die Zusage vom Unternehmen nicht mehr einseitig zurückgenommen werden kann, weil sie Bestandteil des Arbeitsvertrages geworden ist. Deshalb empfiehlt es sich, die freiwilligen Angebote mit einer Vorbehaltsklausel auszustatten, die z.B. wie folgt lauten könnte:

„Die Gewährung einer Erfolgsbeteiligung im Jahr 2002 steht unter dem ausdrücklichen Vorbehalt der Freiwilligkeit. Ein Anspruch auf Zahlung von Erfolgsanteilen in den Folgejahren wird damit nicht begründet".

2.2 Vermögensbildungsrecht

Betriebliche Beteiligungskonzepte werden durch den Gesetzgeber gefördert. Die gesetzlichen Förderungsmaßnahmen sind im sog. Zweiten Vermögensbeteiligungsgesetz geregelt, das sich aus dem Fünften Vermögensbildungsgesetz und dem § 19a des Einkommenssteuergesetzes zusammensetzt.

Gerade für kleinere und mittlere Unternehmen können die Möglichkeiten des Vermögensbeteiligungsgesetzes eine wichtige Grundlage darstellen, um für die Mitarbeiter attraktive Beteiligungsangebote zu unterbreiten.

Das Fünfte Vermögensbildungsgesetz regelt die Anlage der vermögenswirksamen Leistungen. Fast 90 % aller Beschäftigten in den alten Bundesländern erhalten von ihrem Arbeitgeber in der Regel tarifvertraglich vereinbarte vermögenswirksame Leistungen. Je nach Tarifabschluss bzw. betrieblicher Vereinbarung erhalten die Mitarbeiter jährlich zwischen € 160 und € 480.

Die vermögenswirksamen Leistungen können in externe Anlageformen, aber auch in betriebliche Beteiligungen fließen. Der Anlagekatalog des Fünften Vermögensbildungsgesetzes enthält nachfolgende betriebliche Beteiligungsformen:

- Mitarbeiter-Darlehen
- Genussscheine/Genussrechte
- stille Gesellschaft
- stille Genossenschaft
- GmbH-Beteiligung
- Aktien.

Für mittelständische Unternehmen bieten sich damit ausreichend Möglichkeiten, betriebliche Anlageformen zu offerieren und die vermögenswirksamen Leistungen der Mitarbeiter ins arbeitgebende Unternehmen umzuleiten. Damit würde für die Unternehmen ein „teurer" Kreislauf unterbrochen: Der bisher übliche Ablauf sieht so aus, dass die Unternehmen die vermögenswirksamen Leistungen finanzieren. Die Mitarbeiter legen diese im Bankensystem an und die Unternehmen holen sich von den Banken diese Mittel für hohe Zinsen wieder zurück.

Die Anlage vermögenswirksamer Leistungen im Produktivkapital, also auch in betrieblichen Beteiligungen, wird vom Gesetzgeber bis zu einer Höchstgrenze von € 408 mit einer Sparzulage von 20 % gefördert, wenn bestimmte Einkommensgrenzen nicht überschritten werden. Diese Einkommensgrenzen liegen augenblicklich bei € 17.900 für ledige Arbeitnehmer und bei € 35.800 für verheiratete Arbeitnehmer. Allerdings handelt es sich hier um zu versteuerndes Einkommen, dies bedeutet, dass die Brutto-Einkommen etwa bei € 20.000 bis € 45.000 liegen können. Nach Experten-Schätzungen dürften damit zwei Drittel aller Arbeitnehmer begünstigt sein.

Am 1. Januar 1999 ist das sog. Dritte Vermögensbeteiligungsgesetz in Kraft getreten, das auch für betriebliche Beteiligungsmodelle einige Verbesserungen mit sich brachte. So wurde z.B. mit der Anhebung der für den Anspruch auf Sparzulage maßgeblichen Einkommensgrenzen auf die oben genannte Größenordnung gewährleistet, dass das Gros der Empfänger von vermögenswirksamen Leistungen auch zulagenbegünstigt ist.

Darüber hinaus wurde das Anlagevolumen erhöht. Insgesamt können vermögenswirksame Leistungen in Höhe von € 888 zulagenbegünstigt angelegt werden, wobei zwei sog. Förderkörbe unterschieden werden:

- **Förderkorb 1** regelt die Anlage vermögenswirksamer Leistungen in Form von Bausparen: das maximale Anlagevolumen beträgt € 480, die Sparzulage 10%.

- **Förderkorb 2** regelt die Anlage vermögenswirksamer Leistungen in Form von Beteiligungen: das maximale Anlagevolumen beträgt € 408, die Sparzulage 20%.

Unternehmen, die ihren Mitarbeitern betriebliche Vermögensbeteiligungen anbieten, stehen in Konkurrenz zu externen Anlagen. Die Mitarbeiter werden sich dann für die betriebliche Variante entscheiden, wenn diese attraktiver ist.

Mit dem § 19a EStG hat der Gesetzgeber für Beteiligungsunternehmen ein Instrument geschaffen, das genau dies ermöglicht: Den Mitarbeitern können die betrieblichen Beteiligungstitel bis zu einem Betrag von € 154 pro Jahr und Mitarbeiter „verbilligt" angeboten werden. Dies bedeutet, dass das arbeitgebende Unternehmen die Anlage von vermögenswirksamen Leistungen durch eine Anlageprämie von € 154 „anreizen" kann.

Typisch für aktuelle Beteiligungsmodelle ist beispielsweise ein dreistufiges Angebot an den Mitarbeiter, das sich wie folgt darstellt:

Wert der Kapitalbeteiligung	Zuwendung des Unternehmens	Kaufpreis für die Mitarbeiter
€ 550	€ 150	€ 400
€ 400	€ 100	€ 300
€ 200	€ 50	€ 150

Mit einem solchen Angebot werden die gesetzlichen Förderungsmaßnahmen weitgehendst ausgeschöpft. Der Mitarbeiter kann seine vermögenswirksamen Leistungen in Höhe von € 400 (Höchstwert: € 408) einbringen und erhält darauf eine 20%-ige Sparzulage, wenn er die vorgegebenen Einkommensgrenzen nicht überschreitet. Gleichzeitig fließt ihm mit € 150 eine Zuwendung nach § 19a EStG (Höchstbetrag: € 154) zu. Diese Zuwendung ist für Unternehmen und Mitarbeiter auch deswegen besonders attraktiv, weil sie von der Lohnsteuer und Sozialversicherung befreit ist.

3 Erfolgsbeteiligung

Als Erfolgsbeteiligung werden alle Verfahren bezeichnet, bei denen die Mitarbeiter zusätzlich zu bestehenden Lohn- bzw. Gehaltsvereinbarungen einen Anteil am Erfolg erhalten, der monatlich oder quartalsweise oder - wie üblich - jährlich ermittelt und an die berechtigten Mitarbeiter ausbezahlt bzw. auf Beteiligungskonten gutgeschrieben wird. Erfolgsbeteiligungen unterliegen dem Regelungsbereich des Arbeitsrechts und werden auch in steuerrechtlicher Hinsicht wie Arbeitslohn behandelt.

Nachfolgend werden wir anhand der „Logistik" der Erfolgsbeteiligung die einzelnen Schritte ansprechen, die bei der Planung und Realisierung eines Modells der Erfolgsbeteiligung zu klären sind. Anschließend werden wir uns mit aktuellen Entwicklungen und Trends befassen.

3.1 Bausteine einer Erfolgsbeteiligung

Das System einer Erfolgsbeteiligung beinhaltet eine Reihe von Elementen und Entscheidungen. Mit der Logistik der Erfolgsbeteiligung wollen wir eine Orientierungshilfe geben, welche wesentlichen Punkte im einzelnen zu klären sind (siehe Bild 3):

Wie bereits im Einführungskapitel dargestellt, ist die Frage nach dem „Warum?" die erste entscheidende Fragestellung, die zu klären ist. Jeder Unternehmer muß sich darüber Klarheit verschaffen, warum er eine Erfolgsbeteiligung einführen will und welche Ziele er damit verfolgt.

Anschließend ist über das „Wer?" zu entscheiden: Welche Mitarbeiter sollen beteiligungsberechtigt sein? Üblicherweise werden nicht alle Mitarbeiter am Erfolg beteiligt. Unter betriebswirtschaftlichen Aspekten wird zu prüfen sein, welche Mitarbeiter zur Erzielung eines Erfolges beitragen können. Dies führt oftmals dazu, dass Auszubildende, aber auch Mitarbeiter, die sich noch in der Einarbeitungsphase befinden, vom System ausgeschlossen werden. Ebenso wird darauf geachtet, daß die „Hauptfluktuation" außen vor bleibt. Dies bedeutet, dass eine festgelegte Mindest-Betriebszugehörigkeit zu erreichen ist, um beteiligungsberechtigt zu sein. Zu beachten ist in diesem Zusammenhang jedoch, dass die Definition des Kreises der berechtigten Mitarbeiter arbeitsrechtlich zu bewerten ist und somit dem Gleichbehandlungsgrundsatz unterliegt. Es gilt, ob-

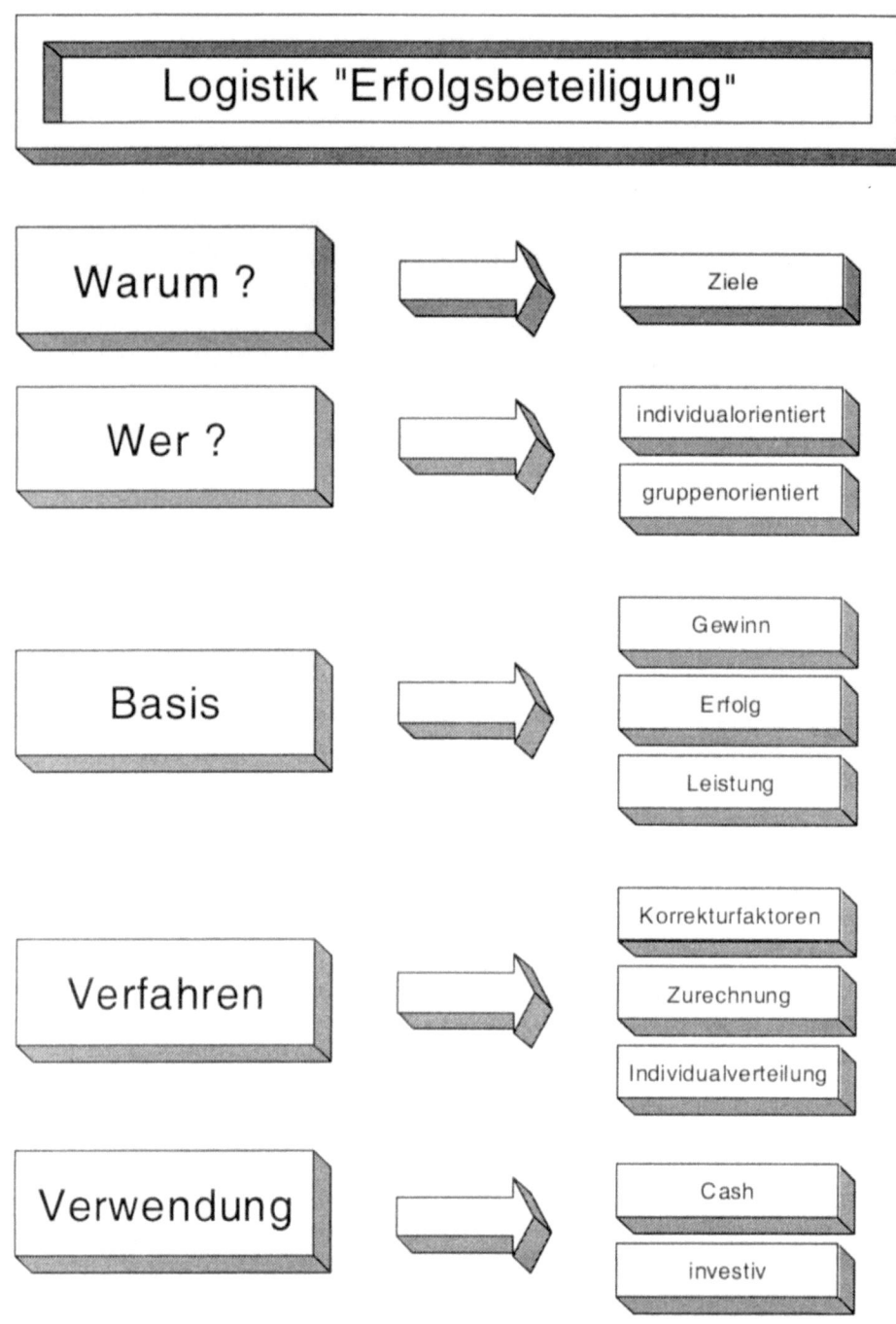

Bild 3: Logistik der Erfolgsbeteiligung

jektive Kriterien für die Definition der berechtigten Mitarbeiter zu finden. Eine bestimmte Mindest-Betriebszugehörigkeit ist zulässig, ebenso die hierarchische Abgrenzung.

Im Rahmen dieser Fragestellung ist auch zu klären, ob die Erfolgsbeteiligung individuell oder gruppenorientiert ausgestaltet werden soll. Eine Individual-Orientierung würde dann greifen, wenn zwischen jedem berechtigten Mitarbeiter und dem arbeitgebenden Unternehmen eine persönliche Erfolgsbeteiligungsvereinbarung getroffen wird. Eine solche Lösung wird im allgemeinen nur bei Führungskräften und dort eher im oberen Segment sinnvoll sein. In der betrieblichen Praxis überwiegen bei weitem die gruppenorientierten Lösungsansätze, d.h., die Erfolgsbeteiligung ermittelt sich für eine Gruppe von Mitarbeitern (z.B. Abteilung) oder für den gesamten Betrieb.

Wert	Stock Options
	Stock-Appreciations-Rights
	Phantom Stocks
Gewinn	Bilanzgewinnbeteiligung
	Ausschüttungsgewinnbeteiligung
	Substanzgewinnbeteiligung
Ertrag	Umsatzbeteiligung
	Wertschöpfungsbeteiligung
	Nettoertragsbeteiligung
Leistung	Produktionsbeteiligung
	Produktivitätsbeteiligung
	Kostenersparnisbeteiligung

Bild 4: Formen der Erfolgsbeteiligung

Jeder Systembau einer Erfolgsbeteiligung bedarf einer Ausgangsbasis, also einer Größe, von der die Ermittlung des auf die Mitarbeiter insgesamt entfallenden Erfolgsanteils abgeleitet wird. Die klassische Einteilung der Erfolgsbeteiligung unterscheidet die drei Grundtypen der Leistungs-, der Ertrags- und der Gewinnbeteiligung.

Die in Bild 4 dargestellten Formen der Erfolgsbeteiligung signalisieren den Eindruck einer großen Vielfalt der machbaren Systeme. Dies ist in der betrieblichen Praxis jedoch keineswegs der Fall. In der überwiegenden Zahl der praktizierten Modelle wird die Ausgangsbasis „Gewinn" bevorzugt, werden vor allem Systeme der Bilanzgewinnbeteiligung praktiziert.

Die dafür ausschlaggebenden Gründe sind stichhaltig: Es dominiert das betriebswirtschaftliche Argument, dass die Ausgangsbasis Gewinn sowohl Markt- wie auch Kostenaspekte berücksichtigt. Bei einer Gewinnbeteiligung kommt es eben erst dann zu einem Gewinnanteil, wenn letztendlich das Unternehmen schwarze Zahlen schreibt.

Alle anderen Verfahren weisen gegenüber der Gewinnbeteiligung Nachteile auf. Beispielsweise berücksichtigen Leistungsbeteiligungen keine Markteinflüsse. Erfolgsanteile werden fällig, wenn die vereinbarte Leistung erbracht wurde, unabhängig davon, ob sich das Unternehmen in der Lage sieht, die Erfolgsanteile zu bezahlen. Analog gilt die Argumentation bei der Ertragsbeteiligung, bei der zwar die Marktsituation berücksichtigt wird, nicht jedoch produktionsinterne Aspekte.

Aktuell hinzu gekommen in der Kategorie der Erfolgsbeteiligung sind die Aktienoptionen. Diese beinhalten das Recht, Aktien des arbeitgebenden Unternehmens innerhalb einer bestimmten Frist zu einem vorher vereinbarten Preis zu erwerben. Nachdem es bei diesen Programmen um den Erwerb von Aktien geht, liegt die Vermutung nahe, dass hier Systeme der Kapitalbeteiligung etabliert werden sollen. Dies wäre ein mögliches Ergebnis, entspricht aber nicht der aktuellen Beteiligungspraxis. Ein Erfolg von Aktienoptions-Programmen gilt in der Regel als eingetreten, wenn die zum vereinbarten Preis erworbenen Aktien zum (höheren) Marktpreis wieder verkauft worden sind. In Höhe der Kaufpreisdifferenz erzielen die Mitarbeiter einen „geldwerten Vorteil", ihren Erfolgsanteil.

Zielgruppen für Stock Options-Konzepte sind in erster Linie die oberen Führungsebenen, da bei diesen noch am ehesten ein Kausalzusammenhang zwischen Arbeitsleistung und Erfolg (Aktienkurs) unterstellt werden kann. Hinzu kommt, dass die effiziente Ausnutzung von Stock Options-

Angeboten einiger Kenntnisse bedarf, die für eine Ausdehnung auf breitere Mitarbeiterschichten hinderlich sind.

Aktienoptions-Programme stellen im Gefüge der Erfolgsbeteiligung eine atypische Komponente dar. Weder von der Konstruktion noch hinsichtlich der Problemebenen sind Gemeinsamkeiten vorhanden. Deshalb orientieren wir uns in den folgenden Ausführungen an den klassischen Formen der Erfolgsbeteiligung.

Aufbauend auf der ausgewählten Ausgangsbasis gilt es nun, das Verfahren für die Ermittlung des Erfolgsanteils der Mitarbeiter festzulegen. Aufbauend auf einem typischen Beispiel einer Gewinnbeteiligung werden die notwendigen Modellschritte dargestellt:

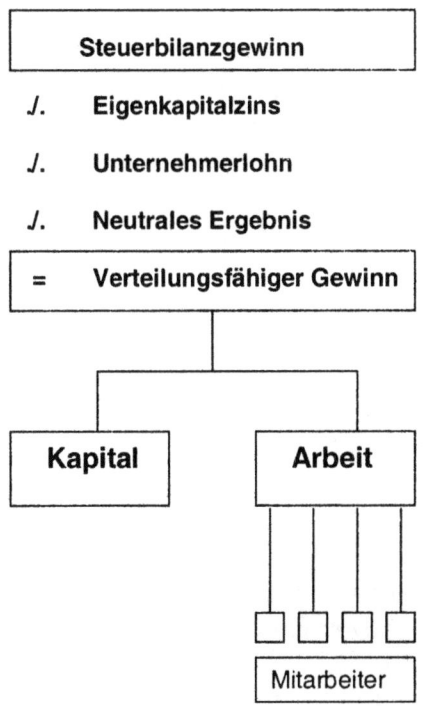

Bild 5: Verfahren Gewinnbeteiligung

Die Modellpolitik der vergangenen Jahrzehnte hat Verfahren entstehen lassen, bei denen viel Wert auf ein „gerechtes" System gelegt wurde. Auch an die psychologische Qualität wurden hohe Anforderungen gestellt: Die einzelnen Komponenten sollten so gestaltet sein, dass sie den Mitarbeiter gegenüber begründbar sind und von diesen akzeptiert werden.

Diese Aussage kann an einem Beispiel verdeutlicht werden: Üblicherweise entfällt auf die Gesamtheit der beteiligten Mitarbeiter ein Gewinnanteil, der in etwa 10-15 % des Steuerbilanzgewinnes entspricht. Somit wäre mit relativ wenig Aufwand eine Vereinbarung möglich, in der vorgesehen wird, dass eben 10 oder 15% des Steuerbilanzgewinnes als Gewinnanteil an die Mitarbeiter gehen. In der Praxis wird dieser Weg nur selten gegangen, weil er möglicherweise den Mitarbeitern suggeriert, dass 85 oder sogar 90 % des Gewinnes an den Faktor Kapital gehen. In den meisten Modellen wird deshalb die Ausgangsbasis Steuerbilanzgewinn um diverse Faktoren korrigiert (sog. Korrekturfaktoren), um letztlich zu einer Größe zu gelangen (verteilungsfähiger Gewinn), bei der eine paritätische Verteilung (Zurechnung) möglich ist. Die hälftige Aufteilung des verteilungsfähigen Gewinns auf die Faktoren Kapital und Arbeit wird - ohne dass dies logisch begründbar wäre - allgemein als gerecht empfunden.

Im Rahmen der Individualverteilung gilt es dann zu entscheiden, nach welchen Kriterien der insgesamt auf die Mitarbeiter entfallende Gewinnanteil auf die einzelnen Berechtigten verteilt wird. In der Mehrzahl der Modelle dominieren Verteilungskriterien, die sich an der Leistung orientieren. Problematisch zeigt sich jedoch fast immer die Suche nach dem adäquaten Leistungsmaßstab. Um unnötigen Aufwand und evtl. auch kontraproduktive Wirkungen zu vermeiden, orientieren sich viele Unternehmen als „Leistungsersatz" an den persönlichen Lohn- und Gehaltssummen.

Darüber hinaus finden sich oftmals unternehmensspezifische Verteilungskomponenten wie z.B. Betriebszugehörigkeit, Fehltage oder soziale Gesichtspunkte.

Sind die persönlichen Gewinnanteile der Mitarbeiter ermittelt, stellt sich die Frage nach deren Verwendung. Hier ist grundsätzlich zwischen der Auszahlung und der investiven Einbehaltung zu entscheiden. Die Beantwortung dieser Frage ist untrennbar mit der verfolgten Zielsetzung verbunden, die mit der Erfolgsbeteiligung erreicht werden soll. Geht es darum, eine flexible Entgeltkomponente zu installieren, wird die Ausschüttung der Erfolgsanteile in der Mehrzahl der Fälle der richtige Weg sein. Geht es um Vermögensbildung oder Altersversorgung der Mitarbeiter, wird wohl im Zweifelsfall eine investive Verwendung zum Tragen kommen.

Beispiel 1:
Gewinnbeteiligung bei der Westerwald-Brauerei

Seit 1972 beteiligt die Westerwald-Brauerei H. Schneider in Hachenburg ihre Mitarbeiter am Gewinn. Von den etwa 90 beschäftigten Mitarbeitern sind alle diejenigen beteiligungsberechtigt, die dem Unternehmen mindestens zwei Jahre angehören.

Ausgangsbasis für die Ermittlung des auf die Mitarbeiter entfallenden Gewinnanteils ist der Handelsbilanzgewinn, der um einen Unternehmerlohn, Eigenkapitalzinsen, eine Investitionsrücklage und einkommensabhängige Steuern korrigiert wird. Vom verbleibenden Gewinn (sog. verteilungsfähiger Gewinn) entfallen 10% auf die berechtigten Mitarbeiter.

Der auf die Mitarbeiter insgesamt entfallende Gewinnanteil wird nach dem Verhältnis der persönlichen Jahres-Brutto-Lohn- bzw. Gehaltssummen auf die einzelnen Mitarbeiter verteilt.

Bei der Verwendung ihrer persönlichen Gewinnanteile haben die Mitarbeiter ein Wahlrecht: Sie können sich ihren Gewinnanteil auszahlen lassen oder sich für eine Investivanlage in Form einer Stillen Beteiligung entscheiden. Entscheidet sich ein Mitarbeiter für die Investivanlage, erhält er von der Westerwald-Brauerei H. Schneider eine Anlageprämie von 100%!

Wie interessant die Investivanlage für die Mitarbeiter ist, verdeutlicht folgendes Zahlenbeispiel: Der persönliche Gewinnanteil beträgt € 500,-, der Lohnsteuersatz 25%, der Arbeitnehmeranteil zur Sozialversicherung 20%.

- Entscheidet sich der Mitarbeiter für die Auszahlung, verbleiben ihm netto € 275,- (125.- Lohnsteuer, € 100,- Sozialversicherung).

- Entscheidet sich der Mitarbeiter für die Investivanlage, verbleiben ihm von seinem Gewinnanteil zunächst ebenfalls nur € 275,-. Allerdings ist der Nettobetrag nach dem Vermögensbildungsgesetz sparzulagenbegünstigt, d.h. er erhält eine Sparzulage in Höhe von € 55,- (20 %). Hinzu kommt weiterhin die "Anlageprämie" von € 500,-, bei der gemäß § 19a EStG ein Betrag von € 150,- steuer- und sozialversicherungsfrei übertragen werden kann. Zu versteuern sind somit nur € 350,-, die zu einem Nettobetrag von € 192,50 führen. "Unter dem Strich" erhält der Mitarbeiter bei der Investivanlage einen Nettowert von insgesamt € 672,50, gegenüber € 275,- bei der Auszahlung.

3.2 Aktuelle Entwicklungstendenzen

In der betrieblichen Praxis sind derzeit einige Entwicklungen zu beobachten, die zu innovativen Konzepten von Erfolgsbeteiligungssystemen beitragen können:

1. Die durch die Lean Management-Bewegung aufgetretene Verflachung von Organisationsstrukturen hat allgemein dezentralen Prozessen neuen Auftrieb gegeben. Im Zusammenhang mit Erfolgsbeteiligungssystemen hat dies zu einer Reihe von Experimenten geführt, Erfolgsbeteiligungen auf kleinere organisatorische Einheiten „runterzubrechen". Die bisherigen Erfahrungen damit sind „gemischt". Notwendige Voraussetzung für die Gestaltung dezentraler Erfolgsbeteiligungen ist ein ausgebautes Rechnungswesen, das die notwendigen Steuerungsdaten zur Verfügung stellt. Von positiven Erfahrungen kann man im Zusammenhang mit eigenständigen Profit-Centern sprechen. Probleme ergeben sich stets bei anderen Centerformen wie z.B. Cost-Centern oder Verwaltungs-Center. Hier besteht das Problem darin, Gewinne objektiv messbar zu machen bzw. zuzurechnen.

2. In vielen Unternehmen erlebt z.Zt. das Führungsinstrument „Führen durch Zielvereinbarungen" eine neue Renaissance. Da sich mit dem Erreichen von gesetzten Zielen eine Leistung zuordnen lässt, ist es durchaus naheliegend, die Zielerreichung mit Erfolgsanteilen zu verknüpfen, d.h. flexible Entgeltkomponenten mit der Zielvereinbarungsprozedur in Einklang zu bringen. Interessant sind insbesondere Systeme, die Zielerreichung mit Erfolgsgrößen (z.B. Bilanzgewinn) koppeln. Dies bedeutet, dass die Zielerreichung noch nicht für einen Erfolgsanteil ausreicht, dass als weiteres notwendiges Postulat eine ausreichende Gewinnsituation hinzukommen muss. Auch hier sind die Erfahrungen noch nicht ausreichend, um eine abschließende Wertung durchzuführen. Die Grundidee ist bestechend. Abzuwarten wird sein, in welchem Maße die Verknüpfung von Zielerreichungsgraden mit materiellen Konsequenzen kontraproduktive Wirkungen auf den Zielvereinbarungsprozess nach sich zieht.

3. Seit dem Jahr 1995 lässt ein Erlass des Finanzministeriums von Nordrhein-Westfalen sog. Entgeltumwandlungen (Deferred Compensation siehe Beispiel 2) zu, wenn damit eine Anwartschaft auf Versorgungsleistungen begründet wird. Im Zusammenhang mit betrieblichen Erfolgsbeteiligungen bedeutet dies, dass durch investive Erfolgsanteile

Beispiel 2:
Deferred Compensation

Ein 40-jähriger Mitarbeiter erhält einen Brutto-Erfolgsanteil in Höhe von € 500,-. Das arbeitgebende Unternehmen vereinbart mit ihm eine Umwidmung dieses Erfolgsanteiles in eine wertgleiche Altersversorgungszusage, die zum 65. Lebensjahr fällig wird.

Konkret macht das Unternehmen folgendes Angebot: Für die Umwidmung des Erfolgsanteiles in Höhe von € 500,- erhält der Mitarbeiter eine Kapitalzusage (Direktzusage) für das 65. Lebensjahr in Höhe von € 2146,- (dies entspricht einer 6%-igen Verzinsung).

Sollte auch im nächsten Jahre wieder ein Erfolgsanteil anfallen, könnte ein weiterer Altersversorgungs-Baustein vereinbart werden. Ergibt sich kein Erfolgsanteil, werden auch keine Zusagen getroffen.

Im Vergleich zur Auszahlung hat der Mitarbeiter bei der Verwendung seines Erfolgsanteiles für eine Altersversorgung zwei Vorteile:

- Die Lohnsteuer wird erst nach Eintritt des Versorgungsfalles fällig, somit ist mit einer geringeren Steuerbelastung zu rechnen.
- Da der Erfolgsanteil "brutto für netto" im Unternehmen verbleibt, erfolgt eine Verzinsung des Bruttobetrages.

Auch für das Unternehmen bietet diese Form der "mitarbeiterfinanzierten" Altersversorgung Vorteile. Der Umwidmungsbetrag (Erfolgsanteil) stellt in steuerrechtlicher Hinsicht eine Pensionsrückstellung dar. Da die Erfolgsanteile investiv bis zum Erreichen der Altersgrenze im Unternehmen bleiben, erhöht sich die Liquidität entsprechend. Die üblicherweise mit Direktzusagen verbundenen Risiken werden vermieden: Die jährlichen Erfolgsbeteiligungs-Bausteine sorgen dafür, dass die Kapitalzusage ausfinanziert ist.

„mitarbeiterfinanzierte" Altersversorgungen auf der Basis von betrieblichen Pensionsrückstellungen erreicht werden können. Dies beinhaltet eine völlig neue Dimension der betrieblichen Mitarbeiter-Beteiligung und verbindet insbesondere Beteiligungsstrategien mit Komponenten der betrieblichen Altersversorgung. Mittlerweile sind die Möglichkeiten der Entgeltumwandlung in das Betriebsrentengesetz integriert worden.

3.3 Steuerliche Aspekte

§ 4 Abs. 4 EStG definiert als Betriebsausgaben alle Aufwendungen, die durch den Betrieb veranlasst sind. Wesentlich ist dabei nicht, ob diese Aufwendungen notwendig oder allgemein üblich sind. Entscheidend ist ausschließlich, daß die betriebliche Veranlassung der Aufwendungen feststeht. Ist dies der Fall, dann obliegt es dem unternehmerischen Ermessen, ob und welche Aufwendungen aus betrieblichem Anlass getätigt werden sollen.

Löhne, Gehälter und Sozialleistungen sind unbestritten Betriebsausgaben, auch wenn sie „freiwillige" Positionen enthalten. In diesem Sinne können Erfolgsbeteiligungen als „freiwillige Löhne" interpretiert werden, die als Betriebsausgaben abzugsfähig sind.

Aus der Sicht der Mitarbeiter hat der Lohncharakter von Erfolgsbeteiligungen zur Folge, dass diese der Lohnsteuer und der Sozialversicherung unterliegen. Diese Verpflichtung besteht unabhängig davon, ob die Erfolgsanteile ausbezahlt oder investiv einbehalten werden. Allerdings stellt sich bei einer obligatorischen Investivanlage die Frage, ob Lohnsteuern und Sozialversicherungsanteile bereits bei der Gutschrift oder erst dann fällig werden, wenn der Mitarbeiter darüber verfügen kann.

Ein Mitarbeiter erhält einen Erfolgsanteil von € 1.000, der gemäß den vertraglichen Vereinbarungen für zehn Jahre im Unternehmen verbleibt. Während dieser Zeit hat der Mitarbeiter keinerlei Verfügungsrechte. Erst nach Ablauf der zehnjährigen Sperrfrist kann er die Auszahlung verlangen.

In steuerlicher Hinsicht ist zu klären, ob Lohnsteuern (und damit Sozialversicherungsanteile) bereits zum Zeitpunkt der Gutschrift fällig werden, oder erst nach zehn Jahren, wenn der Mitarbeiter die Auszahlung erhält.

Auschlaggebend für den Zeitpunkt der Abführung der Lohnsteuer ist der sog. Zufluss, also die Frage, wann dem Mitarbeiter die Erfolgsbeteiligung in steuerlicher Hinsicht „zufließt".

Zwei letztinstanzliche Entscheidungen des Bundessozialgerichtes (Az.: 12 RK 11/76) und des Bundesfinanzhofes (Az.: VI R 124/77) haben Klarheit geschaffen, dass investive Erfolgsbeteiligungen nicht bereits automatisch mit der Gutschrift zufließen. Liegen bestimmte Voraussetzungen vor, dann tritt der Zufluss erst dann ein, wenn der Mitarbeiter über seinen Erfolgsanteil tatsächlich verfügen kann.

Der Bundesfinanzhof hat auch die Anforderungen formuliert, die für einen „aufgeschobenen Zufluss" notwendig sind:

- Die investive Einbehaltung der Erfolgsanteile muß im wirtschaftlichen Interesse des Unternehmens liegen.

- Die Möglichkeit des Mitarbeiters, zwischen Auszahlung und Investivanlage zu wählen, ist auszuschließen.

- Die Investivanlage darf zu keiner gesellschaftsrechtlichen Beteiligung (z.B. stille Gesellschaft) führen.

Unter Beachtung dieser Bedingungen ist es möglich, Beteiligungskonzepte zu realisieren, die zu einem Steuerstundungseffekt führen: Lohnsteuern und Sozialversicherungsanteile bleiben während der Sperrfrist im Unternehmen.

Der Vorteil für die Unternehmen besteht in der Erhöhung der Liquidität, die „aufgeschobenen Anteile" stehen zur Finanzierung zur Verfügung. Auch für die Mitarbeiter entstehen Vorteile durch den Bruttozinseffekt, da die investiv einbehaltene Erfolgsbeteiligung einschließlich des Steueranteils finanziert wird.

Beispiel 3:
Mitarbeiter-Guthaben bei der Kommanditgesellschaft Boltze Bazar Deutschland GmbH & Co

Die in Ahrensburg ansässige Firma beschäftigt 80 Mitarbeiter. Seit 1988 erhalten die Mitarbeiter eine Gewinnbeteiligung, die als Mitarbeiter-Guthaben im Unternehmen verbleibt.

Beteiligungsberechtigt sind alle Mitarbeiter mit einer Betriebszugehörigkeit von mindestens einem Jahr. Ausgangsbasis für die Ermittlung des auf die Mitarbeiter entfallenden Gewinnanteiles ist der konsolidierte Bilanzgewinn der Boltze-Gruppe, der um Eigenkapitalzinsen und Geschäftsführergehälter korrigiert wird. Vom verbleibenden Gewinn entfallen 15 % an die Mitarbeiter. Verteilungsgrundlage für die Berechnung der individuellen Gewinnanteile ist ein Bewertungssystem, das die Kriterien Lohn, Leistungsbeurteilung, Betriebszugehörigkeit, geleistete Arbeitszeit und Einsatzbereitschaft beinhaltet.

Die individuellen Brutto-Erfolgsanteile verbleiben als sog. Mitarbeiter-Guthaben für zehn Jahre im Unternehmen, ohne dass der Mitarbeiter darüber verfügen kann. Die Verzinsung der Mitarbeiter-Guthaben liegt 2 % über dem Bundesbank-Diskontsatz.

Zum Ablauf der zehnjährigen Sperrfrist wird das Mitarbeiter-Guthaben an die Mitarbeiter ausbezahlt, ohne dass es einer Kündigung bedarf. Zu diesem Zeitpunkt werden auch die auf die einbehaltene Erfolgsbeteiligung entfallende Lohnsteuer bzw. Sozialversicherung fällig.

4 Kapitalbeteiligung

Erfolgsbeteiligungen führen zu flexiblen Entgeltkomponenten, die arbeits- und steuerrechtlich wie reguläre Lohnzahlungen einzustufen sind. Die Mitarbeiter erhalten zusätzliche Vergütungen, ohne dass das grundlegende Verhältnis Mitarbeiter und Unternehmen sich verändert hätte. Mit der Einführung einer Mitarbeiter-Kapitalbeteiligung erfolgt eine entscheidende Weichenstellung: Die Mitarbeiter werden am Kapital ihres arbeitgebenden Unternehmens beteiligt, werden zu „Mitgesellschaftern". Das Verhältnis Unternehmen und Mitarbeiter wird damit auf eine höherwertige Ebene verlegt, die Mitarbeiter sind nicht mehr nur „Arbeitnehmer", sondern auch Miteigentümer am arbeitgebenden Unternehmen.

Gerade im mittelständischen Bereich werden Überlegungen zur Mitarbeiter-Kapitalbeteiligung oftmals sehr skeptisch betrachtet. Die Befürchtung, dass man in Zukunft nicht mehr der „Herr im eigenen Haus" sei, dass urplötzlich eine Vielzahl von Mitarbeitern auf den Gesellschafterversammlungen erscheine usw. löst bei vielen mittelständischen Unternehmen Befürchtungen aus, die dazu führen, sich nicht länger mit diesen Überlegungen zu befassen. Wie die betriebliche Praxis mittlerweile ausreichend belegt, sind derartige Befürchtungen unzutreffend. Die Auswahl der passenden Beteiligungsform und die effiziente Gestaltung der Beteiligungskonditionen gewährleisten eine Systemgestaltung, die auch für kleinere und mittlere Unternehmen die potentiellen Risiken nahezu ausschließt.

Analog der Darstellung im Rahmen der Erfolgsbeteiligung werden wir auch bei der Kapitalbeteiligung einen logischen Aufbau wählen, der sich an den Überlegungen orientiert, die ein Unternehmer durchzuführen hat, wenn er ein Modell der Mitarbeiter-Kapitalbeteiligung einführen will. Die nachfolgend dargestellte „Logistik der Kapitalbeteiligung" ist unser „roter Faden" durch die Materie der Kapitalbeteiligung.

4.1 Klärung der Zielsetzung

Im Eingangskapitel dieser Broschüre haben wir uns mit den Zielen auseinandergesetzt, die im Rahmen einer Mitarbeiter-Beteiligung in der betrieblichen Praxis angestrebt werden. Insbesondere bei der Planung einer Mitarbeiter-Kapitalbeteiligung sind die mittelständischen Unternehmer gut beraten, selbstkritisch über die angestrebten Ziele nachzudenken.

Logistik Kapitalbeteiligung

```
                    Warum?
                      │
                    👤👤👤👤 ── Wer?
                      │
              ┌───────┴────────┐
        Mittelaufbringung      │
          │                    │
          ├─ Unternehmen       │
          ├─ Mitarbeiter       │
          └─ Staat       Mittelverwendung
                              │
                              ├─ Beteiligungsform
                              └─ Beteiligungs-
                                 konditionen
```

Bild 6: Logistik der Kapitalbeteiligung

Bei kleineren und mittleren Unternehmen dominieren üblicherweise zwei Ziele: die Motivation der Mitarbeiter und das Erzielen von Finanzierungseffekten. Je nachdem, welches dieser beiden Hauptziele dominant ist, wird auch das Beteiligungskonzept andere Konturen aufweisen. Wird beispielsweise die Verbesserung der Eigenkapitalstruktur angestrebt, dann scheiden zwangsläufig alle Beteiligungsformen aus, die einen Fremdkapitalcharakter beinhalten. Steht die Motivation der Mitarbeiter im Vordergrund, sind Beteiligungskonstruktionen empfehlenswert, die einen Zusammenhang zwischen der Leistung der Mitarbeiter und dem Unternehmenserfolg herstellen.

4.2 Abgrenzung der beteiligungsberechtigten Mitarbeiter

Nachdem die angestrebten Ziele definiert sind, gilt es, den Kreis der berechtigten Mitarbeiter abzugrenzen. Analog der Darstellung bei der Erfolgsbeteiligung ist auch hier der arbeitsrechtliche Gleichbehandlungsgrundsatz zu beachten. Darüber hinaus sind jedoch spezifische Überlegungen anzustellen. Die Beteiligung eines Mitarbeiters am Kapital des arbeitgebenden Unternehmens ist kein Schritt, der heute getan und morgen wieder rückgängig gemacht wird. Abgesehen von dem Verwaltungsaufwand, der sich mit Beteiligungsaktivitäten verbindet, ist die Kapitalbeteiligung der Mitarbeiter ein Angebot, das sich in erster Linie an „Stamm-Mitarbeiter" richten sollte. Auf jeden Fall ist anzustreben, die „Haupt-Fluktuation" aus dem Beteiligungskonzept herauszuhalten. Dies tendiert zu einer Mindest-Anwartschaftszeit von ein bis zwei Jahren Betriebszugehörigkeit. Ob möglicherweise auch längere Anwartschaftszeiten angebracht sind, wird im Einzelfall auf der Grundlage der verfolgten Zielsetzungen zu entscheiden sein.

4.3 Finanzierung des Mitarbeiterkapitals (Mittelaufbringung)

Die Mittelaufbringung beinhaltet die Frage, aus welchen Quellen das Mitarbeiterkapital finanziert wird. Ist zu erwarten, dass die Mitarbeiter bereit sind, die Kapitalfinanzierung aus eigenen Mitteln durchzuführen? Ist es sinnvoll und notwendig, dass das Unternehmen Finanzierungsanteile übernimmt? Oder kann mit Hilfe der staatlichen Vermögenspolitik ein weiterer Finanzierungsbaustein modelliert werden?

Die betriebliche Praxis kennt sämtliche Spielarten. Es gibt Modelle, bei denen das Mitarbeiterkapital ausschließlich von den Mitarbeitern aufgebracht wird. Dies ist dort der Fall, wo die Mitarbeiter ein hohes Vertrauensverhältnis zum Unternehmen haben und eine interessante Rendite gewährleistet ist.

Auch das andere Extrem ist vorhanden: Das Mitarbeiterkapital wird ausschließlich vom Unternehmen aufgebracht. Dies ist insbesondere dort der Fall, wo vorhandene Erfolgsbeteiligungen investiv zur Begründung von Mitarbeiterkapital verwendet werden.

Die häufigste Spielart der Mittelaufbringung - gerade in kleineren und mittleren Unternehmen - besteht in einer effizienten Kombination der vorhandenen Möglichkeiten. Unternehmen, Mitarbeiter und Staat tragen zur Finanzierung des Mitarbeiterkapitals bei. Ein typisches Beispiel für eine solche kombinierte Form der Mittelaufbringung wird nachfolgend dargestellt. Anhand dieses Beispiels sollen weiterhin die potentiellen materiellen Vorteile für Unternehmen und Mitarbeiter beschrieben werden.

Ein mittelständisches Unternehmen mit 100 beteiligungsberechtigten Mitarbeitern macht folgendes Beteiligungsangebot:

Jeder berechtigte Mitarbeiter kann einen Kapitalanteil im Wert von € 550 zum Kaufpreis von € 400 erwerben. Es wird davon ausgegangen, daß alle berechtigten Mitarbeiter das Beteiligungsangebot annehmen.

Die Attraktivität dieses Beteiligungsangebots aus der Sicht der Mitarbeiter zeigt nachfolgende Berechnung:

Wert der Beteiligung:	550 EUR
abzüglich Unternehmenszuwendung:	150 EUR
= Kaufpreis	400 EUR
abzüglich 20 % Sparzulage	80 EUR
= tatsächliche Eigenleistung	320 EUR

In diesem Beispiel wurden die „Arbeitszahlen" so angenommen, damit die optimale gesetzliche Förderung erzielt wird. Der Wert der Beteiligung beträgt € 550, der Kaufpreis für den Mitarbeiter € 400. Die Differenz zwischen Beteiligungswert und Kaufpreis ist eine Zuwendung des Unternehmens, ein „geldwerter Vorteil", der jedoch nach § 19a EStG weder der Lohnsteuer- noch der Sozialversicherungspflicht unterliegt. Die Mitarbeiter erhalten somit € 150 „brutto für netto". Den Kaufpreis in Höhe von € 400 können die Mitarbeiter mit vermögenswirksamen Leistungen erbringen. Seit dem 1. Januar 1999 wird die Anlage von vermögenswirksamen Leistungen in betrieblichen Beteiligungskonzepten mit einer Sparzulage von 20 % honoriert. Damit reduzieren sich die vom Mitarbeiter tatsächlich aufzubringenden Eigenleistungen auf € 320.

4.4 Auswahl der Beteiligungsform

Grundsätzlich stehen für Beteiligungszwecke alle Alternativen offen, die vom Schuld- bzw. Gesellschaftsrecht zur Verfügung gestellt werden, ausgenommen die Formen der Beteiligung als Einzelunternehmer, als OHG-Gesellschafter und als Komplementär bzw. Kommanditist einer Kommanditgesellschaft. Diese Formen sind ungeeignet, weil sie überwiegend der „unbeschränkten Haftung" unterliegen bzw. mit gravierenden steuerlichen Nachteilen verbunden sind.

Bei der Auswahl der passenden Beteiligungsform ist vorab die Frage zu klären, ob die Beteiligung der Mitarbeiter am Eigen- oder Fremdkapital erfolgen soll. Typisch für eine Fremdkapitalbeteiligung ist, dass Verzinsung und Rückzahlung unabhängig von der wirtschaftlichen Situation des Unternehmens sind und der Gläubiger keinerlei Einfluß auf das Unternehmensgeschehen hat.

Fällt die Entscheidung zugunsten einer Fremdkapitalbeteiligung, dann steht die Beteiligungsform Mitarbeiter-Darlehen zur Verfügung. Gerade beim Einstieg in eine Mitarbeiter-Beteiligung kann das Mitarbeiter-Darlehen eine sinnvolle Lösung darstellen, da es sich um eine relativ unkomplizierte und unverbindliche Form der Kapitalbeteiligung handelt.

Überall dort, wo eine Verbesserung der Eigenkapitalstruktur und/oder Motivationseffekte angestrebt werden, sind Beteiligungsformen auf der Grundlage des Fremdkapitals in der Regel nicht geeignet. Hier sollten Gestaltungsformen ausgewählt werden, die in Richtung Eigenkapital tendieren. Dabei ist zwischen vollgesellschafterlichen und eigenkapitalähnlichen Formen zu differenzieren. Bei den vollgesellschafterlichen Alternativen handelt es sich um die GmbH und die Belegschaftsaktie. Beide Formen werden in mittelständischen Unternehmen eher die Ausnahme als die Regel darstellen. Wir verzichten deshalb auf eine weitere Abhandlung.

Beispiel 4:

Mitarbeiter-Darlehen bei der RIECO Druck- und Papierverarbeitungs-GmbH & Co

Allen 55 Mitarbeitern bietet RIECO jährlich an, die vermögenswirksamen Leistungen als Mitarbeiter-Darlehen im arbeitgebenden Unternehmen anzulegen.

Seit 1972 praktiziert das in Grünstadt ansässige Unternehmen diese Form der Mitarbeiterbeteiligung.

Die Beteiligungskonditionen orientieren sich weitgehend an den Mindestvoraussetzungen des Vermögensbildungsgesetzes. So unterliegen die verzinslichen Mitarbeiter-Darlehen einer sechsjährigen Sperrfrist mit anschließender Kündigungsmöglichkeit. Während der Sperrfrist sind die Mitarbeiter-Darlehen bankbürgschaftlich abgesichert.

Die Finanzierung der Mitarbeiter-Darlehen setzt sich aus mehreren Komponenten zusammen. Im Mittelpunkt stehen die tarifvertraglichen vermögenswirksamen Leistungen, die freiwillig bis zum Höchstbetrag von € 468,- pro Jahr und Mitarbeiter aufgestockt werden können.

Hinzu kommt eine Sparprämie von RIECO und eventuell ein Gewinnanteil. Ein Gewinnanteil für die Mitarbeiter entsteht, wenn der definierte SOLL-Gewinn, der sich aus einer angemessenen Verzinsung des eingesetzten Kapitals errechnet, überschritten wird. 50 % des über den SOLL-Gewinn hinausgehenden Gewinnanteils entfällt auf die Mitarbeiter und wird "netto" den Mitarbeiter-Darlehen zugeführt.

In mittelständischen Beteiligungsunternehmen dominieren die eigenkapitalähnlichen Beteiligungsformen. Diese Gestaltungsformen weisen folgende Vorteile auf:

- Sie können - mit ganz wenigen Ausnahmen - an jede vorhandene Rechtsform angebunden werden (sog. Huckepack-Gesellschaften).

- In steuerrechtlicher Hinsicht führen diese Beteiligungsformen zwar zu Fremdkapital, die sachgemäße betriebswirtschaftliche Ausgestaltung bewirkt eigenkapitalähnliche Mittel.

- Es handelt sich um Nennwert-Beteiligungen, damit sind sämtliche Bewertungsprobleme ausgeschaltet.

- Die bisherigen Beteiligungsverhältnisse bleiben unberührt, da kein neues „Stimmrecht" entsteht und auch die Teilnahme an den Gesellschafterversammlungen unterbleibt.

- In den einschlägigen Gesetzen sind diese Beteiligungsformen nur rahmenartig geregelt. Somit bestehen hohe vertragsrechtliche Gestaltungsspielräume, die eine optimale, die Unternehmenssituation berücksichtigende Vertragsgestaltung erlauben.

Für die Gestaltung von eigenkapitalähnlichen Beteiligungsformen stehen die stille Gesellschaft und das Genussrecht zur Verfügung.

In Tabelle 4 (Seite 42) sind die wichtigsten Kriterien des Mitarbeiter-Darlehens, der stillen Gesellschaft und der Genussrechte synopsenartig zusammengefaßt:

Die bisher vorgestellten Beteiligungsformen sind sog. direkte Beteiligungen, weil zwischen beteiligtem Mitarbeiter und arbeitgebendem Unternehmen eine schuld- bzw. gesellschaftsvertragliche Beziehung entsteht. Bei bestimmten Voraussetzungen kann es auch angebracht sein, die Kapitalbeteiligung indirekt auszugestalten. Dabei wird zwischen die Mitarbeiter und das arbeitgebende Unternehmen eine Institution - in der Regel eine GmbH - geschoben. Die Mitarbeiter beteiligen sich als typische stille Gesellschafter an der „Mitarbeiter-Beteiligungs-GmbH" (MBG). Die MBG wiederum poolt die Mittel und legt sie beim arbeitgebenden Unternehmen an, meistens auch in der Form der stillen Beteiligung.

Beispiel 5:
Stille Beteiligung bei Ehinger-Schwarz

Mit Schmuckgestaltung und Schmuckeinzelhandel beschäftigt die Einzelunternehmung Ehinger-Schwarz in Ulm 60 Mitarbeiter.

Seit 1994 erhalten alle Mitarbeiter mit einer Betriebszugehörigkeit von mindestens 12 Monaten jährlich das Angebot, sich als typische stille Gesellschafter zu beteiligen.

Die Finanzierung des stillen Gesellschaftskapitals erfolgt durch Mitarbeiter und Unternehmen. Berechtigte Mitarbeiter haben jeweils drei Auswahlmöglichkeiten: Sie können Eigenleistungen in Höhe von € 156,-, € 312,- oder € 468,- erbringen, die als vermögenswirksame Leistungen nach dem Vermögensbildungsgesetz gefördert werden können. Gleichzeitig erhalten sie vom Unternehmen eine steuerfreie Zuwendung nach § 19 a EStG in Höhe von € 50,-, € 100,- oder € 150,-.

Die stillen Gesellschafter sind am Gewinn von Ehinger-Schwarz beteiligt. Die Höhe des Gewinnanteils wird über eine Gewinnstaffel auf der Basis der Umsatzrendite ermittelt. Die stillen Gesellschafter nehmen auch an den Verlusten teil.

Das stille Gesellschaftskapital unterliegt der gesetzlichen Sperrfrist von sechs Jahren. Eine vorzeitige Kündigung ist für den stillen Gesellschafter bei Erwerbsunfähigkeit, Eintritt in den Ruhestand und bei einer unverschuldeten Notlage möglich.

Alle drei Jahre wählen die stillen Gesellschafter einen Gesellschafterausschuss als ihre Interessenvertretung.

Beispiel 6:
Genussrechte bei der TAS Abrechnungs-Service GmbH

Seit 1987 praktiziert die TAS Abrechnungs-Service GmbH eine Mitarbeiter-Kapitalbeteiligung in Form von Genussrechten.

Von den über 40 beschäftigten Mitarbeitern sind knapp 30 beteiligungsberechtigt, d.h., sie sind unbefristet beschäftigt und haben eine Mindest-Betriebszugehörigkeit von einem Jahr.

Berechtigte Mitarbeiter können jährlich bis zu 72 Genussrechtsanteile im Nennwert von je € 10,- erwerben. Pro Genussrecht hat der Mitarbeiter eine Eigenleistung von € 6,5 zu erbringen. Die Differenz von € 3,5 gewährt TAS als steuerfreien Zuschuß gemäß § 19a EStG.

Die Genussrechte unterliegen einer sechsjährigen Sperrfrist. Das Genussrechtskapital ist am Gewinn beteiligt; die Höhe des Gewinnanteils bestimmt sich nach der Eigenkapitalrendite. Die Eigenkapitalrentabilität ergibt sich aus dem Verhältnis des Geschäftsjahresergebnisses zum mittleren Wert des Eigenkapitals einschließlich des Genussrechtskapitals im Geschäftsjahr.

Die Genussrechts-Inhaber sind auch am Verlust beteiligt. Allerdings ist der mögliche Verlustanteil auf maximal 8 % je Geschäftsjahr begrenzt.

Tabelle 4: Synopse Beteiligungsformen

Kriterien	Darlehen	Stille Gesellschaft	Genussrechte
Kapitalcharakter	Fremdkapital	steuerlich Fremdkapital, betriebswirtschaftliches Eigenkapital möglich	steuerlich Fremdkapital, betriebswirtschaftliches Eigenkapital möglich
Anwendung Vermögensbeteiligungsgesetz	Bankbürgschaftliche Absicherung notwendig	keine besonderen Anforderungen	Nur, wenn überwiegend gewinnabhängig verzinst und Verlustbeteiligung vorhanden
Verzinsung	Nach Vereinbarung	Mindest-Verzinsung möglich	Mindest-Verzinsung möglich
Gewinnbeteiligung	Gewinnabhängige Verzinsung möglich (partiarisches Darlehen)	Gewinnbeteiligung ist obligatorisch, vertraglicher Ausschluss ist nicht zulässig	Gewinnbeteiligung ist obligatorisch, vertraglicher Ausschluss ist nicht zulässig
Verlustbeteiligung	nicht vorhanden	Wenn die Verlustbeteiligung im Gesellschaftsvertrag nicht ausgeschlossen wird, ist der Stille Gesellschafter am Verlust beteiligt	Ausschluss der Verlustbeteiligung ist möglich; bei Anwendung des Vermögensbeteiligugsgesetzes jedoch problematisch
Kontrollrechte	nicht vorhanden	Kontrollrechte nach § 233 Abs. 1 HGB	keine Mitgliedschafts- und Kontrollrechte

Beispiel 7:
Indirekte Beteiligung am Druckhaus Cramer

Mit etwa 90 Mitarbeitern erwirtschaftete die Firma Druckhaus Cramer in Greven in den letzten Jahren einen Umsatz von knapp € 12,5 Mio.

Seit 1982 können sich Mitarbeiter mit einer Betriebszugehörigkeit von sechs Monaten über die zwischengeschaltete DCM-Druckhaus Cramer-Mitabeiter-Beteiligungs-Gesellschaft mbH am Druckhaus Cramer beteiligen.

Die Mitarbeiter werden typische stille Gesellschafter der DCM. Die Gesellschaftseinlage wird in Form von DCM-Anteilscheinen ausgewiesen.
Der Mitarbeiter ist mit seiner Gesellschaftseinlage an Gewinn und Verlust der DCM beteiligt. Die ordentliche Kündigung von stillen Gesellschaftseinlagen ist je Anteilschein für die Dauer von zehn Jahren ausgeschlossen. Die Versammlung der stillen Gesellschafter wählt einen Partnerschaftsausschuss, der die Kontrollrechte der stillen Gesellschafter wahrnimmt.

Jährlich erhalten die Mitarbeiter ein Beteiligungsangebot. Danach können die berechtigten Mitarbeiter vermögenswirksame Leistungen in verschiedenen Kombinationen zusammen mit Unternehmenszuwendungen nach § 19a EStG anlegen.

Die indirekte Beteiligung ist unter dem Aspekt der Modellgestaltung und der Modellpflege etwas aufwendiger. Sie hat dort ihre Berechtigung, wo beispielsweise rechtlich selbständige Tochtergesellschaften existieren und in ein Beteiligungsmodell integriert werden sollen. Hinzu kommt, dass ausschließlich indirekte Konstruktionen eine faktische rechtliche Trennung zwischen Arbeitsverhältnis und Kapitalbeteiligung sicherstellen. Eventuell entstehende Kontrollrechte wirken hier nicht gegenüber dem arbeitgebenden Unternehmen, sondern nur gegenüber der Beteiligungsinstitution.

Bild 7 fasst die wesentlichen Unterschiede zwischen der direkten und der indirekten Beteiligung nochmals zusammen.

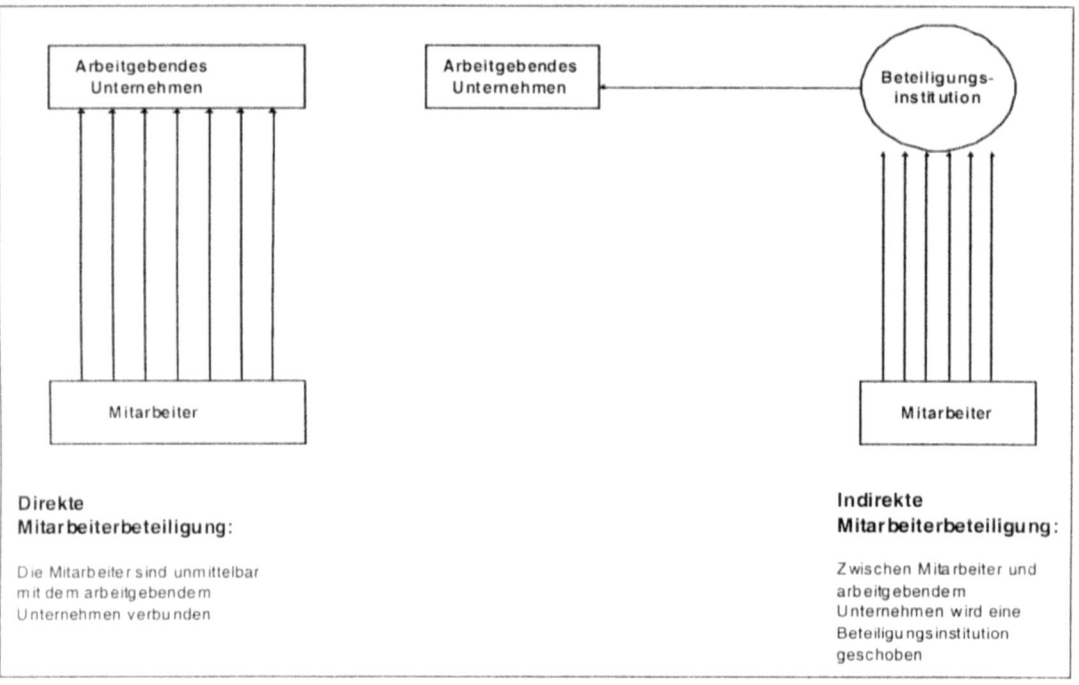

Bild 7: Indirekte Kapitalbeteiligung

Die bisher diskutierten Kriterien ermöglichen es, die aufgrund der spezifischen Gegebenheiten geeignete Beteiligungsform auszuwählen. Im Rahmen eines Beteiligungsvertrages werden dann die einzelnen Beteiligungskonditionen festgelegt. Die damit verbundenen Lösungsansätze werden im nächsten Kapitel beschrieben.

4.5 Gestaltung der Beteiligungskonditionen

Unter Beteiligungskonditionen verstehen wir diejenigen Elemente, die im Rahmen eines Beteiligungsvertrages zu regeln sind. Die wesentlichen Beteiligungskonditionen und die in der Praxis vorkommenden Lösungsansätze sollen anschließend vorgestellt werden.

Verzinsung und Gewinnbeteiligung

In Darlehensverträgen ist eine Verzinsung und insbesondere deren Höhe zu vereinbaren. In der betrieblichen Praxis liegt der festgelegte Zins in der Regel zwischen dem Zinssatz, den die Mitarbeiter bei einer Spareinlage erhalten und dem Zinssatz, den die Unternehmen für Kredite zu bezahlen haben.

Bei den eigenkapitalähnlichen Modellen (stille Beteiligung, Genussrecht, indirekte Beteiligung) sind die Mitarbeiter am Gewinn beteiligt. Hier gilt es, ein vernünftiges Verfahren zu finden. In der Vergangenheit lehnte man sich in solchen Modellen häufig an die Verteilungsverfahren an, die in sonstigen Gesellschaftsverträgen üblich sind, d.h., der Gewinn wurde zwischen Altkapital (Kapital der bisherigen Gesellschafter) und dem Mitarbeiterkapital verteilt. Dies brachte jedoch eine Menge von Problemen (z.B. Bewertungsfragen) mit sich. In den letzten Jahren ist zu beobachten, dass diese Verteilungsverfahren nicht mehr angewendet werden. Üblicherweise findet sich heute in eigenkapitalähnlichen Beteiligungssystemen das Verteilungsverfahren der sog. Gewinnstaffel, das die erzielte Umsatzrendite mit Renditeprozenten verbindet:

Umsatzrendite*	Gewinnanteil in % des Mitarbeiterkapitals
0 bis unter 0,5 %	0
0,5 bis unter 1,0 %	2
1,0 bis unter 1,5 %	3
1,5 bis unter 2,0 %	4
2,0 bis unter 2,5 %	5
2,5 bis unter 3,0 %	6
3,0 bis unter 3,5 %	7
3,5 bis unter 4,0 %	8 (maximal)

* = z.B. Steuerbilanzgewinn zu Umsatzerlösen

Die Gewinnstaffeln sind an die unternehmensspezifischen Voraussetzungen anzupassen und so zu gestalten, dass in „normalen Gewinnjahren" für die Mitarbeiter eine akzeptable Rendite erzielt wird.

Verlustbeteiligung und Risiko

Die einzige Beteiligungsform, bei der sich für den Mitarbeiter keinerlei Risiko ergibt, ist das Mitarbeiter-Darlehen. Diese Beteiligungsform ist nach dem Kreditwesengesetz nur zulässig bzw. wird vom Vermögensbeteiligungsgesetz nur gefördert, wenn eine bankbürgschaftliche Absicherung vorgesehen wird.

Bei allen anderen Beteiligungsformen befinden sich die Mitarbeiter im Risiko, wobei unterschiedliche Risikointensitäten denkbar sind:

- Konkursrisiko: Im Falle eines Konkurses unterliegen die Einlagen der Mitarbeiter dem normalen Konkursrisiko.

- Rendite-Ausfallrisiko: In gewinnlosen Jahren erhalten die Mitarbeiter keine Dividende.

- Verlustbeteiligung: Ist eine Verlustbeteiligung vorgesehen, so partizipieren die Mitarbeiter-Gesellschafter gemäß den getroffenen Vereinbarungen auch am Verlust. Anfallende Verluste werden in der Regel vorgetragen und mit späteren Gewinnjahren verrechnet.

Sperrfrist und Kündigung

Das typische Mitarbeiterkapital ist langfristiger Natur und wird im Rahmen von betrieblichen Investitionsvorhaben eingesetzt. Dies bedeutet für den Mitarbeiter, dass es sich um kein kurzfristiges Kapital handeln kann, sondern dass mit den entsprechenden „Wartezeiten" zu rechnen ist, wenn eine Kapitalkündigung geplant ist.

Mitarbeiterkapitalien unterliegen daher in der Regel sog. Sperrfristen, in denen eine Kapitalrückzahlung ausgeschlossen ist. Derartige Fristen lagen in der Vergangenheit oftmals noch bei 25 Jahren, heute haben sie sich zwischen sechs und zehn Jahren eingependelt. Der Grund dafür liegt darin, dass der Gesetzgeber im Rahmen des Vermögensbeteiligungsgesetzes als Förderungsvoraussetzung eine Mindest-Sperrfrist von sechs Jahren vorschreibt. Wichtig dabei ist, dass diese gesetzliche Mindest-Sperrfrist sich für jede Jahrestranche gesondert ermittelt. Erwerben die Mitarbeiter beispielsweise im Jahr 2002 gesetzlich geförderte Kapitalanteile, so sind diese zum 31.12.2008 kündbar, erwerben sie im Jahre 2003 Kapitalanteile, so sind diese zum 31.12.2009 kündbar. Rückwirkend zum 1. Januar 2001 hat der Gesetzgeber auf die Einhaltung einer Sperrfrist bei der Wahrnehmung der Fördermöglichkeiten des § 19a EStG verzichtet. Damit ist bei der Anlage von vermögenswirksamen Leistungen nach wie vor eine Sperrfrist vorgeschrieben, nicht jedoch bei § 19a EStG. Unabhängig von der rechtlichen Frage dürfte in den meisten Fällen die vertragliche Vereinbarung einer Sperrfrist angebracht sein.

Typisch ist weiterhin, dass neben dem Ausschluss der ordentlichen Kündigung für die vereinbarte Sperrfrist vorzeitige Kündigungsgründe, z.B. Eintritt in den Ruhestand, Erwerbsunfähigkeit, vorgesehen sind.

Mitbestimmung

Mitbestimmungselemente auf der Grundlage einer Mitarbeiter-Kapitalbeteiligung sind im Gros der Modelle nicht enthalten bzw. sehr vorsichtig realisiert.

§ 233 Abs. 1 HGB schreibt für den stillen Gesellschafter Informations- und Kontrollrechte wie folgt vor: „Der stille Gesellschafter ist berechtigt, die abschriftliche Mitteilung der jährlichen Bilanz zu verlangen und ihre Richtigkeit unter Einsicht der Bücher und Papiere zu prüfen". Diese Rechte stehen jedoch in der betrieblichen Praxis nicht dem einzelnen stillen Gesellschafter zu, sondern werden in der Regel auf einen gewählten Ausschuss (z.B. Partnerschaftsausschuss) oder auf den Steuerberater bzw. den Wirtschaftsprüfer delegiert.

Mitgliedschafts- und Stimmrechte existieren bei den eigenkapitalähnlichen Beteiligungsformen nicht.

5 Checkliste zur Realisierung einer Mitarbeiterbeteiligung

Die folgende Checkliste soll helfen, die notwendigen Punkte „abzuhaken", die bei der Planung und Realisierung einer Mitarbeiterbeteiligung zu beachten sind:

Phase	Aktivität	✓
Vorbereitung und Informationsgewinnung	Ziel- und Motivprüfung	
	Lektüre ausgewählter Literatur	
	Besuch von Seminaren	
	Besuch von Beteiligungsunternehmen	
	Gespräche mit Experten	
	Gespräche mit Vertrauenspersonen	
Ausarbeitung des Beteiligungsmodelles	Bestellung eines Beauftragten bzw. einer Projektgruppe	
	Auswahl des Beraters	
	Betriebswirtschaftliche Analyse (Ertrag, Kapitalstruktur)	
	Entscheidung über Rahmendaten	
	Ausarbeitung von Alternativmodellen	
	Formulierung einer Modellskizze	
Abstimmung und Entscheidung	Verhandlungen mit dem Betriebsrat	
	Abstimmung mit der Führungsmannschaft	
	Entscheidung über Modell-Details	
	Formulierung der Modelltexte	
	Rechtliche und steuerliche Prüfung	
Realisierung und Einführung	Einführungsplanung	
	Formularwesen	
	Informationsbroschüre	
	Information und Schulung der Mitarbeiter	
	Information von Presse und Öffentlichkeit	

Literaturempfehlungen

Schneider, Hans; Zander, Ernst: Erfolgs- und Kapitalbeteiligung der Mitarbeiter. 5., aktualisierte Auflage. Stuttgart 2001. Schäffer-Poeschel Verlag

Bertelsmann Stiftung (Hrsg.): Mitarbeiter am Kapital beteiligen. Leitfaden für die Praxis. Gütersloh: Verlag Bertelsmann Stiftung 1997.

Guski, H.-G./Schneider, H.: Handbuch Mitarbeiter-Beteiligung. Loseblatt-Sammlung, Neuwied, Luchterhand-Verlag

Kurzbiographie zum Autor

Dr. Hans Schneider ist Professor für Personalwirtschaft an der Fachhochschule Nürnberg und Vorsitzender der Prüfungskommission. Nach seiner Promotion hat er die Gesellschaft für innerbetriebliche Zusammenarbeit GIZ GmbH mit aufgebaut und ist in dieser Gesellschaft bis heute als Geschäftsführer und Betater für betriebliche Mitarbeiterbeteiligung tätig. Zusätzlich ist er seit 1977 als Schriftsteller für die Zeitschrift PERSONAL Zeitschrift für Human Resource Management verantwortlich.

Wie "fit" sind die Personal- und Organisationsstrukturen in Ihrem Unternehmen?

Das RKW-Instrument "Personal- und Organisationsdiagnose" unterstützt Sie, Stärken und Schwächen im Personal- und Organisationsbereich in Ihrem Unternehmen zu identifizieren und Verbesserungsmaßnahmen ziel- und bedarfsorientiert zu planen. Es bietet Ihnen die Möglichkeit einer umfassenden Bestandsaufnahme und Positionsbestimmung. Folgende Untersuchungsfelder können mit Hilfe des Diagnoseinstruments erfaßt und bewertet werden:

- Qualifikations- und Entwicklungspotentiale der Beschäftigten
- Mitarbeiterführung / Führungsverhalten
- Geschäfts- und Arbeitsprozesse
- Personalentwicklungsprozesse
- Personalstruktur
- Organisationsstruktur
- Interne Kommunikations- und Informationstechnik

Die CD-ROM unterstützt ihre schnelle Bearbeitung und Auswertung der Diagnoseergebnisse in Form von Stärken-/ Schwächen-Profilen. Betriebliche Entscheidungsträger wie Führungskäfte des oberen und mittleren Managements, Personalleiter, Personalentwickler und Prozeßbegleiter erhalten mit diesem Diagnoseinstrument wertvolle Unterstützung und Anregung für eine bedarfs- und zielorientierte Personal- und Organisationsentwicklung.

Howaldt / Jürgenhake / Kopp / Schultze
Personal- und Organisationsdiagnose
Ein Instrument für wettbewerbsfähige Personal- und Organisationsstrukturen
2000. 85 Seiten in Ringordner, mit CD-ROM, 76 € zzgl. Versandkosten
RKW-Bestell-Nr. 1372,
ISBN 3-89644-119-1

Ziele vereinbaren mit Mitarbeitern und Gruppen

Führen mit Zielen ist – immer noch – ein höchst aktuelles wie auch wirkungsvolles Führungsinstrument.

Zielvereinbarungssysteme bilden deshalb auch „den" Eckpfeiler einer zeitgemäßen, mitarbeiterzentrierten Führung. Entscheidend ist jedoch, wie das „System" aussieht und wie man es handhabt.

In diesem Buch wird mit dem „Z+E-System" ein etwas komplexeres Zielvereinbarungssystem vorgestellt, in dem die Vereinbarung von Sachzielen um die Vereinbarung von Entwicklungszielen sowie um Coaching-Elemente erweitert wird.

Hierbei wird in systematischer Form auf folgende Fragen eingegangen:
- Welche Ansatzpunkte und Bedeutung hat zielorientiertes Handeln in Unternehmen?
- Warum ist es wichtig, nicht nur Sachziele, sondern auch Entwicklungsziele zu vereinbaren?
- Wie sollte man vorgehen, wenn man Ziele mit Mitarbeitern und/oder Gruppen vereinbaren und deren Umsetzung „coachend" begleiten will?
- Was können Zielvereinbarungssysteme leisten, wo sind ihre Problembereiche bzw. Grenzen und wie werden sie eingeführt?

Erfolgreich eingeführte Zielvereinbarungen bringen Vorteile für Mitarbeiter und Unternehmen:
- Partizipation der Mitarbeiter an der Definition von Zielen/Leistungen
- Forderung nach Autonomie der Mitarbeiter
  Bei der Suche nach dem besten Weg zur Zielerreichung hat der Mitarbeiter seinen eigenen Ermessensspielraum
- Forderung nach Eigenkontrolle
  Die Fremdkontrolle konzentriert sich nur auf die Erreichung vereinbarter Ziele. Der Mitarbeiter ist selbst für den Weg dorthin verantwortlich.

Resultat
- Verbesserung der Relation von Aufwand und Kosten
- Verbesserung von Abläufen oder Handlungen
- Einführung neuer Verfahren oder Produkte
- Erschließung neuer Handlungsfelder
- Verbesserte Information, Kommunikation und Steuerung
- Erhöhung der fachlichen bzw. sozialen Kompetenz der Mitarbeiter

Heinz-Kurt E. Wahren
Ziele vereinbaren mit Mitarbeitern und Gruppen
2. Auflage 2000. 146 Seiten, 25 €
RKW-Nr. 1363
ISBN 3-89644-110-8

RKW-Verlag, Postfach 5867, 65733 Eschborn
Fax 06196/495-300, E-Mail: ipv@rkw.de, www.rkw.de

Printed by Libri Plureos GmbH
in Hamburg, Germany